T27

NOTICE BIOGRAPHIQUE

SUR LE COMTE

HUGUET DE MASSILLIA,

Ex-Capitaine de marine au long cours

ET

NOMENCLATURE

DE SA

GALERIE ZOOLOGIQUE.

Prix : 50 centimes.

BESANÇON.

IMPRIMERIE DE J. BONVALOT.

1853

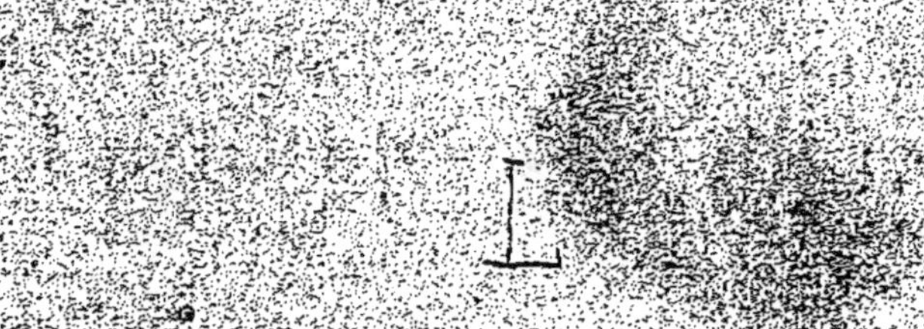

NOTICE BIOGRAPHIQUE

SUR

HIPPOLYTE-LOUIS-FRANÇOIS,

COMTE

HUGUET DE MASSILLIA,

Ex-Capitaine de marine au long-cours,

Voyageur-Naturaliste, Pourvoyeur des Ménageries et Cabinets d'Histoire naturelle des divers États de l'Europe, Membre de l'Institut d'Afrique, de la Société royale universelle de Londres pour l'encouragement des Arts et de l'Industrie, de la Société nationale d'Horticulture de la Seine et de plusieurs autres Académies ou Sociétés savantes nationales et étrangères ; Commandeur, Officier et Chevalier de plusieurs ordres impériaux et royaux, etc., etc.; Directeur de la Galerie zoologique de Paris au boulevart du Temple et dernièrement aux Champs-Elysées.

PAR M. MENISSIER.

———————————◇———————————

Quis novus hic nostris successit sedibus hospes?
Quem sese ore ferens ! quàm forti pectore et armis !
Credo equidem (nec vana fides) genus esse Deorum
. . . . Heu! quibus ille
Jactatus fatis ! quæ bella exhausta canebat.

En., lib. IV.

I.

En 1796, un magnifique trois-mâts, l'*Amphitrite*, poussé par une fraîche brise qui arrondissait ses voiles blanchies dans une longue traversée par le soleil des tropiques, ayant dépassé les îles Pomègue et le château d'If, rentrait dans le port de Marseille, salué, de la Tourette et des quais, par les joyeuses acclamations d'amis empressés et nombreux, accourus sur le port dès que la vigie eut signalé l'apparition de ce navire. Cet empressement insolite avait un double motif que nous allons faire connaître. En ces temps de détresse commerciale, l'arrivée dans l'un de nos ports d'un vaisseau marchand chargé de denrées coloniales n'était certes pas un événement de peu d'importance; or, l'*Amphitrite*, qui était le plus fort des navires appartenant au port de Marseille, avec ses seize canons sur les gaillards, dont plus d'un croiseur avait reçu des morsures, l'*Amphitrite* rentrait avec une cargaison riche et complète. Et puis ce beau trois-mâts avait pour commandant un homme dont le nom sympathique était en grande réputation dans toutes les classes de la population marseillaise. Négociant habile, marin expérimenté et à l'occasion corsaire intrépide, car il était alors muni de bonnes lettres de marque, aimé, respecté ou craint, cet homme, dont la douceur, la bonhommie dans les relations privées égalaient l'extrême sévérité dans le service et la discipline de son vaisseau, c'était le brave capitaine *Huguet de Massillia*.

Après les premières félicitations et compliments échangés sur le pont du navire qui venait de mouiller son ancre, le capitaine prit dans ses bras un bambin appendu au sein d'une jeune femme, assise près de là sur l'affût d'une caronnade, et le présenta à cette nombreuse assistance d'amis réunis pour lui souhaiter la bienvenue. Or, cette jeune et jolie femme, c'était sa fidèle compagne, l'épouse dévouée que n'effrayait ni le bruit de la raffale ni celui du canon: c'était Françoise Mouret, appartenant à l'une des familles les plus considérables de la ville, qui accompagnait ordinairement son mari dans ses aventureuses expéditions. Quant à l'enfant, il n'était autre que le personnage qui va être le sujet de cette notice.

Il ne saurait être inopportun de mentionner ici que le brave capitaine de navire précité était originaire de Nantes et issu de l'une des plus anciennes et honorables familles de la Bretagne. On sait que dans cette province, comme dans plusieurs autres de nos contrées maritimes, des personnes, appartenant aux plus nobles maisons par la naissance, s'occupaient parfois de navigation, de négoce, et, en temps de guerre, d'armements maritimes; et c'est ainsi que la France a pu enregistrer dans ses fastes les plus glorieux les noms nobles ou destinés à l'anoblissement des Jacques Cartier, Jean-Bart, Duguay-Troin, Suffren, Lamotte-Piquet, Surcouf, Dupetit-Thouars et autres non moins célèbres. Plusieurs Huguet sont mentionnés comme ayant rempli, à Nantes, d'éminentes fonctions dans la magistrature municipale; on y compte plusieurs échevins, prévôts de bailliage et capitaines de milice. Ils se sont alliés aux plus nobles maisons de cette province, entre autres aux comtes de Thalus.

II.

D'après une opinion traditionnellement acceptée par les marins français, comme pour exprimer le sentiment de patriotisme qui les anime, tout enfant de sexe masculin, né à bord d'un navire sous voile, est par cela seul réputé *Parisien*, et comme prédestiné à suivre la carrière de la navigation. Le jeune Louis Huguet de Massillia se trouvait dans ce cas; aussi, grâce à cette circonstance comme par suite d'une vocation irrésistible, d'un instinct reçu avec le sang qui coulait dans ses veines, enfant encore il se sentait entraîné vers la mer et vers la noble profession de marin. Son père exigea toutefois qu'il reçut préalablement les principes d'une éducation solide, dont les mathématiques, le dessin, l'histoire naturelle, avec les notions du latin et du grec, formèrent la base. Il y fit des progrès d'autant plus rapides que son père lui avait promis la récompense la mieux faite pour stimuler son zèle et payer tous ses efforts, à savoir : la perspective d'un embarquement sous ses ordres, et à bord de l'*Amphitrite*. Ayant atteint, à quatorze ans, ce but de sa jeune ambition, il se livra à la théorie et à la pratique de l'hydrographie avec une telle ardeur, que son père eut rarement à faire sur lui l'application du système d'instruction qui lui était propre, système dans lequel le martinet et la garcette, toujours accompagnés, il est vrai, d'excellents conseils, jouaient leur rôle en première ligne. Grâce à ses dispositions naturelles et à l'infaillibilité de la méthode paternelle, à l'âge où bien des enfants de son âge en sont encore au *Quinte-Curce* ou au *De viris*, Louis Huguet de Massillia avait déjà traversé plusieurs fois le grand Océan; il faisait son point avec exactitude et était toujours le premier rendu à l'empointure quand il s'agissait de prendre des ris.

Après une dixaine d'années de voyages dans les quatre parties du monde, son père, jusque-là si heureux dans ses expéditions maritimes et dont il était devenu le lieutenant, fut assailli, sur la côte de Malabar, dans l'Océan indien, par une violente tempête. Le navire, acculé par la mousson contraire, sans possibilité de se relever en louvoyant, talonna sur des rochers, chavira, et le capitaine Huguet disparut enlevé par une lame monstrueuse. Le dévouement de son fils ne put le préserver d'une mort fatale, car le brave jeune homme, après une lutte désespérée contre une mer déchaînée, ne réussit à ramener sur la plage que le corps inanimé de l'auteur de ses jours !

Recueilli, avec quelques autres naufragés, par un brick français, Louis Huguet fut ensuite transporté, comme passager, et débarqué à Saint-Louis de Sénégal, l'une de nos possessions coloniales.

Dès cette époque, le jeune marin, revenu dans sa patrie, libre de ses actions et en possession de ce qui restait de la fortune considérable de son père, sentit se développer en lui cette passion pour l'histoire naturelle et l'étude des diverses races d'animaux sauvages que ses études et les habitudes de sa vie passée n'avaient cessé d'entretenir. Dans ses divers voyages et dans les loisirs que lui laissaient, à terre, ses fonctions de subrécargue, en même temps que premier lieutenant du navire qui était la propriété de son père, Louis Huguet avait fait d'intéressantes incursions dans plusieurs des pays où il avait abordé. Il avait, au Paraguay, suivi, chez les Pampas, sur un agile cheval, la chasse au léopard, bientôt étranglé par le lazzo du guacho ; au cap de Bonne-Espérance, il avait étudié la *Flore africaine* et poursuivi le buffle sauvage jusque dans les profondeurs des plus impénétrables forêts ; à Ceylan, après avoir gravi le célèbre pic d'Adam et étudié toutes les ruses usitées pour la capture de l'éléphant, le roi des races non encore entièrement soumises à la domination de l'homme, par le développement de ses instincts et les gigantesques proportions de sa structure ; de Java à Surabaya, il avait exploré l'intérieur de cette riche contrée, et figuré comme acteur, dans les Djungles de Salatiga, à cette terrible chasse au tigre qui se pratique avec l'assistance unique d'une bonne carabine et d'un intrépide cœur ; aux Moluques et à Bornéo enfin, il avait étudié ces classes de quadrumanes-mammifères, dont l'une, celle des orangs, semble occuper un degré intermédiaire entre l'homme et les autres animaux de la création.

Il est une question qui mérite l'attention sérieuse des savants et qui a préoccupé, en effet, un grand nombre de zoologistes : c'est celle de la domestication des animaux farouches, qui constituent dans la nature un élément inutile à l'homme, quand il ne lui est pas nuisible. Dès cette époque Huguet de Massillia, qui s'était plu déjà à enrichir le musée de Marseille de précieuses acquisitions par lui faites dans ses voyages antérieurs, se détermina à se consacrer à la solution de cette question intéressante, en formant une agrégation d'animaux vivants où figureraient les espèces les plus rares. Et l'on peut affirmer aujourd'hui qu'à force de soins et de travaux il a largement exécuté le plan qu'il s'était tracé ; car, investigateur intrépide, infatigable, il a demandé à chacune des contrées du globe des specimen des races qui leur appartiennent. Si le mastodonte et les autres antédiluviens décrits par Cuvier existaient encore, même retirés sous la calotte glacée des pôles, le capitaine Huguet de Massillia aurait bien su les aller chercher jusque dans ces retraites, à peine accessibles, pour les exposer aux regards des amateurs ; et sa vaste ménagerie est enfin la plus complète de celles qui existent en Europe.

Mais, à ce moment là, le plus extraordinaire des événements advenus en ce siècle, qui en a vu de si grands, força le jeune capitaine à ajourner l'exécution de son projet.

III.

Nous n'avons pas l'intention de refaire ici l'histoire contemporaine, en écrivant tous les incidents qui se rapportent à un fait unique, décisif, qui formera un jour assurément la plus belle page de nos chroniques; mais nous ne saurions omettre toutefois la part brillante qu'y prit le brave capitaine Huguet de Massillia.

Le jeune marin était à Marseille, se reposant, au milieu de ses amis, de ses laborieuses pérégrinations. Il se disposait, en réunissant toutes les ressources de sa fortune patrimoniale, à l'entreprise que nous avons précédemment indiquée, lorsque retentit, d'un bout à l'autre de l'Europe, cette nouvelle étrange, qui fut comme un cri d'effroi pour les uns, d'espoir et d'encouragement pour les autres :

L'Empereur Napoléon est débarqué au golfe Juan !

Il n'y avait pas à se méprendre sur l'inévitable résultat de ce défi suprême jeté aux ennemis de la France humiliée. Pas plus qu'il ne l'avait fait, l'année précédente, aux conférences de Châtillon, Napoléon ne consentirait à l'amoindrissement de cette France qu'il avait faite si grande et si glorieuse; c'était donc une lutte formidable qui allait s'engager ! Huguet de Massillia, ne pouvant servir son pays sur l'élément qui lui était familier, crut lui devoir pourtant, dans l'urgence de ces circonstances, le concours de son courage et de son bras. Il se mit à suivre la trace, à peu près ignorée, qu'avait suivie l'Empereur, et le joignit à Grenoble.

Immédiatement admis en présence du général Cambronne, colonel de la garde, il eut avec lui l'entretien suivant :

— Mon général, je viens en toute hâte de Marseille. Je demande à servir comme volontaire.

Ayant rapidement examiné ce jeune homme, Cambronne lui dit brusquement :

— Qui êtes-vous?

— Le fils du capitaine Huguet de Massillia, bien connu des Anglais dans l'Inde, et du commandant Duperré, qui a vu son savoir-faire au combat du Grand-Port, à L'Ile-de-France.

— Avez-vous servi?

— Huit ans de navigation. Les marins de la garde ont prouvé, je crois, en Espagne et en Russie, qu'ils ne boudaient pas au feu, pas plus à terre qu'à la mer. Si nous ne faisions pas là-bas de meilleure besogne qu'eux, nous en faisions de plus utile : j'ai travaillé, dans le golfe du Bengale, à amariner ou incendier plus de vingt navires de la compagnie.

— C'est bien. Voici un mot pour le commandant de place; allez-y. On vous fournira ce qui est nécessaire. Nous partons cette nuit; soyez prêt à marcher. On verra à vous donner un grade en arrivant à Paris.

— Merci, mon général; pour le grade, je ne veux que faire le coup de fusil en amateur, en tirant à la cible sur les habits rouges. Mais, quand nous les auront culbutés, je demanderai à revenir à mon bord, c'est mon affaire, moi, la mer. Seulement, si l'occasion s'en présente, je vous serai obligé de dire à l'Empereur que je suis là, voilà tout.

Quelques jours après, à Lyon, l'Empereur récompensait d'un petit salut et d'un mot d'encouragement le zèle du jeune volontaire, qui, trois mois plus tard, tombait, frappé d'une balle, à l'attaque des Quatre-Bras; et, laissé pour mort sur le champ de bataille de **Waterloo**, était dirigé, quoique blessé, vers l'Angleterre comme prisonnier.

IV.

Rendu bientôt à une liberté qu'il déplorait, et à laquelle il eut préféré même une longue détention sur les pontons, car il en était redevable à une paix que la France avait achetée par de très grands sacrifices, Huguet de Massillia fut invité, en sa qualité de connaisseur et de savant, à examiner le *Zoological-Garden* et plusieurs autres établissements de l'Angleterre. On lui proposa même de diriger une expédition pour le compte du *Bristish-Museum* et de la société royale de Londres. Un vaisseau de fort tonnage, et tous les moyens propres à assurer le succès de l'entreprise et lui procurer l'occasion d'accroître sa fortune personnelle, étaient mis à sa disposition. Mais le jeune marin portait trop profondément empreint dans son cœur le sentiment d'un patriotisme qui était comme une autre religion, pour accepter des offres dont tous les avantages s'effaçaient à ses yeux devant la nécessité d'exercer un commandement sous pavillon britannique.

Il revint donc en France; et, reprenant pour son propre compte un projet favori, il arma, à Nantes, un navire, et recommença les lointaines expéditions qui devaient aboutir à de si brillants succès.

Il visita les deux Amériques, l'Océanie, la Malaisie, les côtes de la Chine et du Japon, explora les détroits de Malacca et de la Sonde, l'Océan indien; et chacun de ses pas fut marqué par des événements singuliers, des péripéties émouvantes, et aussi par des actes de dévouement et de courage, desquels nous avons extrait quelques faits que nous nous proposons de placer à la fin de cette notice; car, suivre le hardi explorateur dans toutes ses pérégrinations, ce serait se mettre dans la nécessité d'écrire une épopée, qui aurait de plus larges proportions que celles d'Arioste, et cette narration exigerait assurément plusieurs volumes.

V.

En 1829, M. Huguet de Massillia rentrait en France avec une riche collection de bipèdes et quadrupèdes, dont un éléphant gigantesque, bien connu depuis sous le nom de *miss Djeack*, faisait le plus bel ornement. On sait la surprise, mêlée d'enthousiasme, qu'excita en France et dans les autres contrées de l'Europe cet étrange animal, par ses proportions colossales, non moins que par le degré d'éducation auquel il était parvenu, et quelques-uns de nos lecteurs se rappelleront encore sans doute les tours d'adresse, les preuves d'intelligence, les moyens extraordinaires que *miss Djeack* déploya devant la foule immense qui se pressait, chaque soir, dans la salle du cirque olympique, devenu théâtre national, pour y assister aux représentations du drame intitulé l'*éléphant du roi de Siam*, pièce composée tout exprès pour mettre en lumière les talents de cette actrice d'un nouveau genre, qui y remplissait le rôle principal.

Cependant, il fallait nécessairement montrer aux diverses capitales de l'Europe ce surprenant exemple de ce que peut obtenir de certaines races d'animaux la puissance de l'homme aidée du secours de la science; c'est aussi ce que voulut faire M. Huguet de Massillia, en commençant cette tournée par l'Angleterre. Là, il fut récompensé de tous les soins que lui avait coûtés *mis Djeack;* car cet animal dévoué et reconnaissant lui sauva la vie, dans les circonstances que nous allons rapporter.

A Liverpool, notre voyageur se rencontra avec un dompteur nommé Martin, et les animaux divers, appartenant à l'un et l'autre, furent mis en un local commun. Or, un jour que M. Huguet de Massillia se livrait à certaines expériences sur une lionne de M. Martin mise en liberté, l'animal, rendu furieux en présence d'un expérimentateur de lui complètement inconnu, le saisit entre ses griffes, avec d'affreux rugissements, et l'allait mettre en pièces, lorsque *mis Djeack*, qui suivait, près de là, d'un œil inquiet tous les mouvements de son maître, rompt les liens qui la retenaient attachée, accourt en poussant un cri d'angoisse et, faisant tournoyer sa trompe, en saisit la lionne par les flancs, et, l'enlevant à dix mètres au-dessus du sol, elle l'y précipite avec la force d'une catapulte ou d'une machine mue par une force de deux cents chevaux. La lionne, brisée, rendit immédiatement le dernier soupir, et elle était morte déjà lorsque *mis Djeack,* la foulant de ses deux pieds de devant, fit de son corps un espèce de débris, lambeau de chair qui n'avait plus de forme.

Ce magnifique animal, promené en mille lieux divers et exposé à l'admiration des amateurs, termina sa carrière à Genève, en 1837, dans des circonstances qui rendirent sa mort d'autant plus regrettable à M. Huguet de Massillia, qui s'était affectionné à *mis Djeack* à cause de ses rares qualités, bien plutôt qu'en considération des recettes fabuleuses qu'elle lui avait procurées. Chez l'homme, assurent quelques psycologues, une grande puissance dans les opérations de l'entendement ne se produirait que par l'effet d'une certaine exacerbation de la membrane cervicale, et le génie enfin serait souvent le proche voisin de l'aliénation mentale. En serait-il de même pour certaines races d'animaux, et le plus grand développement des fonctions instinctives rendrait-il plus facile leur complète oblitération? C'est là une question dont nous voulons laisser la solution à d'autres. Toujours est-il que la malheureuse *mis Djeack*, au moment où l'on s'y attendait le moins, et sans raison connue, devint littéralement et complètement folle.

Méconnaissant jusqu'à son maître, dans un premier accès, *mis Djeack* commença par tuer son malheureux cornac, nommé Themas, en usant du même procédé par elle employé à Liverpool pour la lionne de Martin; puis, ayant fait irruption dans la ville et brisant tout sur son passage, elle y produisit une épouvante semblable à celle qu'y eut répandue l'introduction de vive force d'une armée ennemie. Tout Genève était dans un émoi indicible; la population effrayée fuyait en masse devant l'animal furieux; et, les magistrats s'étant assemblés, la condamnation à mort de l'éléphant fut immédiatement prononcée à l'unanimité. Mais la difficulté était de mettre cet arrêt à exécution. L'animal, il est vrai, et cette circonstance dut être considérée comme fort heureuse, avait opéré sa retraite dans l'un des fossés ou abrevoirs de la ville; et c'était un siége en règle à effectuer, car plusieurs décharges de mousquetterie n'avaient pu même entamer l'épaisseur de son cuir. Enfin, deux canons de douze ayant été amenés sur le parapet et chargés à mitraille, le colosse s'abattit sous le feu croisé de ces deux pièces pointées d'une distance de quinze à vingt mètres seulement.

VI.

Après cette perte regrettable, M. Huguet de Massilia, qui, depuis plusieurs années déjà, était devenu le fournisseur accrédité des principaux cabinets zoologiques de l'Europe, mais à qui l'éléphant, dont nous venons de narrer la triste fin, avait fait négliger un peu sa clientèle, se détermina à une nouvelle expédition. Il s'embarqua pour Alexandrie, où Méhémet-Ali lui fit un accueil plein de distinction et de bienveillance; et, muni de lettres de recommandation du pacha pour les employés supérieurs des diverses résidences de la vice-royauté, il se rendit au Caire, remonta le Nil jusqu'aux lieux où il cesse d'être navigable, non sans avoir exploré, en passant, les restes de Karnac et de Lougsor. Puis, pénétrant en Abyssinie, il se jeta résolûment dans les forêts qu'habitent les Gallas, qui composent la peuplade la plus belliqueuse et aussi la plus féroce de ces contrées éloignées; car, indépendamment des tigres, jaguars, léopards, penthères et serpents qu'il voulait se procurer, il tenait essentiellement aussi à s'emparer de quelques-uns de ces animaux si doux, si gracieux et si beaux qu'on nomme des girafes.

Il va sans dire que cette aventureuse expédition réussit parfaitement à M. Huguet de Massillia, tout comme celles de ce genre qu'il avait jusque-là entreprises. Aussi les musées d'Europe, devenus ses tributaires, comme nous l'avons dit précédemment, furent-ils bientôt pourvus par ses divers envois; et, en remercîment du bon accueil reçu, notre voyageur présenta même au pacha d'Egypte deux de ses plus belles girafes, ce qui constituait, de fait, un cadeau digne du souverain à qui il était offert, à cause de la rareté de ce curieux animal et des difficultés que présente sa capture dans les solitudes où il établit sa retraite.

VII.

Après cette laborieuse campagne et une incursion en Belgique, en Hollande et en Allemagne, M. Huguet de Massillia, comblé d'honneurs et de richesses, et qui, ayant beaucoup fait pour la science, pouvait certes bien songer à se reposer sur ses lauriers, d'autant plus qu'il avait uni sa destinée à une jeune personne aussi distinguée par sa naissance que par ses attraits, s'éclipsa de la scène du monde et se retira dans le département de Seine-et-Marne, où il avait fait acquisition de propriétés considérables.

Recherché par la société distinguée des châteaux de son voisinage, il forma une liaison de rapports aussi agréables qu'affectueux avec le baron de Baltus, ancien général de l'Empire, homme aussi remarquable par son érudition que par les vertus qui avaient illustré sa carrière militaire.

Il menait, dans cette douce retraite, l'existence la plus douce, la plus paisible et, disons le aussi, la plus heureuse. Une telle transformation s'était opérée en lui qu'à peine pouvait-on compter sur lui quand il s'agissait de faire une battue, de traquer un loup, ou de tuer quelques marcassins peu agressifs. Enfin, l'ancien chasseur de tigres était devenu un châtelain assez sédentaire, s'occupant d'agriculture ou de jardinage, croisant des dalhias, greffant des rosiers ou plantant des tulipes, comme l'eût pu faire quelque vieux et paisible horticulteur de Hollande, lorsqu'une catastrophe affreuse vint le frapper bien douloureusement : la comtesse Huguet de Massillia, encore à la fleur de son âge, lui fut enlevée par la mort, après une courte maladie contre laquelle demeurèrent impuissants et vains les soins les plus assidus, et la minutieuse exécution des prescriptions des plus habiles médecins de la capitale, immédiatement appelés en consultation.

VIII.

Le capitaine Cook, après avoir brillamment accompli ses deux voyages de circumnavigation, fut nommé membre de la société royale, et, participant de ses judicieux conseils aux travaux de cette savante association, il semblait ne songer plus qu'au repos, lorsque fut présenté le projet d'un nouveau voyage d'exploration autour du monde, où étaient démontrés les avantages scientifiques à retirer de son exécution. On savait bien que nul mieux que l'illustre capitaine n'était capable de mener à bon fin une expédition de cette nature; et cependant pas un des membres de la savante compagnie, pas un des lords de l'amirauté n'eut osé l'engager à affronter une fois de plus les dangers qu'il avait déjà courus. Mais Cook, ayant pris connaissance du projet, n'hésita pas à réclamer lui-même la direction de l'entreprise; et ce beau dévouement, comme on sait, il le paya de sa vie, en tombant assassiné sur la plage d'Owhyhée.

L'événement que nous avons plus haut relaté, la mort d'une épouse chérie et regrettée, eut le même effet sur les résolutions de M. Huguet de Massillia. Sentant bien qu'il ne trouverait quelque allègement à sa douleur qu'en reprenant les rudes travaux de sa vie passée, il se rendit en Hollande, et, muni de lettres de recommandation pour S. E. le comte de Rochussen, gouverneur général des Indes néerlandaises, il s'embarqua pour Batavia, voulant de là explorer Sumatra;

il était déterminé à ne négliger aucun moyen humainement possible pour doter l'Europe d'un animal qui y est bien rarement parvenu vivant. Il se promettait enfin de ne revenir qu'accompagné d'un superbe rhinocéros ! [1]

Maintenant, nous voici à Madrid, la capitale des Espagnes, la ville de Philippe II, où règne aujourd'hui la gracieuse fille de Ferdinand VII, car nous sommes en l'an 1850.

Un magnifique soleil de printemps, qui commence à descendre vers l'horizon, dore, de ses rayons splendides, les blanches murailles de la cité. Une immense foule, composée de toutes les classes de la population madrilène, manolas, citadins, moines, hommes du peuple et soldats, débouche de la Calle, de los Celadores, des rues du Prado, du Principe, d'Atocha, d'Alcala, et se dirige empressée, anxieuse, vers la Plaça de los Toras.

Cependant, ne vous y trompez pas, il ne s'agit pas ici de l'un de ces spectacles émouvants qui sont en possession traditionnelle du privilége de charmer les loisirs de ce bon peuple espagnol. Non, il n'est pas question aujourd'hui de ces *coridas de toras* que nous aimons fort, où le spectateur trouve des sensations dont on devient toujours avide quand on les a ressenties, où l'on aime à voir l'homme aux prises avec le péril, affronté avec courage et évité

[1] Nous croyons devoir nous abstenir de narrer ici les émouvantes péripéties de cette dernière expédition du comte Huguet de Massillia, non moins hardie et non moins heureuse que les précédentes. Constatons seulement qu'après une absence qui ne se prolongea pas fort au-delà d'une année, notre voyageur naturaliste était à Berlin, exposant aux regards des savants et de la cour une splendide ménagerie, où figurait en première ligne le plus magnifique rhinocéros que l'Europe ait jamais admiré.

avec d'extérité, agilité et adresse. Non, il s'agit aujourd'hui de toute autre chose, et c'est là la cause de ce concours insolite, même aux jours de grande solennité.

Sachez donc que M. Huguet de Massillia est à Madrid avec sa superbe ménagerie, admirée dans toutes les capitales de l'Europe. Or, des amateurs haut placés, des *afficionados* de distinction, ont mis à profit cette circonstance pour procurer à la cour et à la ville un spectacle tout-à-fait excentrique. Vous savez que les Espagnols considèrent, non sans quelque apparence de raison, le taureau national comme le plus fier, le plus vaillant, le plus redoutable des animaux. En bien! on a fait au *senor comte* une proposition propre à fixer quelques opinions incertaines; on lui a porté un défi qu'il s'est empressé d'accepter; et deux animaux de sa ménagerie, un lion et un tigre, vont combattre, l'un après l'autre, des taureaux. Enfin, ce combat, qui n'est pas un duel au premier sang, durera jusqu'à ce que mort s'ensuive.

Entrons dans l'une des galeries; elles sont toutes encombrées par une immense foule de spectateurs et de spectatrices, les yeux attentivement fixés sur l'arène où vont bientôt paraître les acteurs qui sont encore dans les coulisses. La loge royale est occupée. L'impatience est peinte sur tous les visages, ne va-t-on pas commencer?

> At tuba terribilem sonitum procul ære canoro
> Increpuit; sequitur clamor, cœlumque remugit.
>
> En., lib. IX.

Enfin le signal est donné; une bruyante musique d'instruments de cuivre se fait entendre; dix mille voix au dedans et au dehors y répondent;

La clef du toril, lancée de la loge de la reine, tombe dans l'arène. Un magnifique tigre s'élance du côté opposé avec un affreux rugissement. Le taureau sort de son toril; c'est un animal superbe, à la riche encolure, avec de fins jarrets et des cornes démesurées.

Ils s'arrêtent, en face l'un de l'autre, à vingt mètres de distance, et s'examinent en silence et immobiles. Le tigre bat ses flancs de sa queue qui forme des plis onduleux; le taureau, de ses pieds de devant, gratte le sable de l'arène.

Tout-à-coup le taureau, l'œil sanglant et la tête baissée, fonce avec fureur sur le tigre; et le tigre, le tigre royal, le redoutable, le féroce tigre..... le tigre tourne les talons et s'enfuit!

Alors il se fait un bruit épouvantable : ce sont des cris frénétiques, des rires immodérés, des applaudissements sans fin au brave taureau des Espagnes. *Viva el toro !*

Du reste, la couardise du tigre ne fait que hâter sa défaite; car, toujours poursuivi par le taureau, il est atteint près des barrières, qui deviennent un point d'appui contre lequel, le pressant de ses redoutables cornes, son ennemi, dont le cuir est à peine entamé par quelques coups de griffes, lui broie les côtes, le perce de part en part, le lance dans les airs et l'abandonne enfin, matière inerte et informe, sur le sol ensanglanté. Passons au deuxième acte.

Un lion à tous crins, un lion africain, sort de sa cage, placée en dehors de la barrière, sans pousser le moindre cri. Il a l'air assez débonnaire, et paraît surtout fort satisfait de se trouver en jouissance de la liberté de ses mouvements. Il étend ses membres gracieux, comme un chien sortant de sa niche; puis il se met à gambader avec gaîté, comme un écolier en vacances. Vous saurez que ce lion-là se nomme Julien, un nom qui n'a rien de bien méchant, comme vous voyez.

A ce moment là, le taureau sort de son toril ; un taureau à l'apparence formidable, avec une large raie noire sur le dos, un taureau d'Andalousie, nommé *el Sevillano.*

Comme à la première affaire, les deux animaux s'arrêtent en face l'un de l'autre ; mais Julien, toujours avec son air débonnaire, avait l'air de se dire : Quel est ce monsieur là, et que me veut-on ?

Le taureau, tout comme avait fait le premier, part les cornes basses sur Julien ; mais les choses se passèrent tout différemment qu'avec le tigre. Avec une dextérité, une souplesse, une maestria dignes de l'illustre Montès ou d'un torrero de profession, Julien fait une passe, un écart, et, voyant bien alors enfin de quoi il s'agit, il pousse un rugissement qui fit tressaillir l'assistance tout entière, s'élance d'un bond furieux sur le taureau qu'il renverse du coup, et de ses longues griffes, de ses dents redoutables, en un instant il l'eut mis à mort et déchiré en lambeaux.

Otro toro ! otro toro ! Un autre taureau ! hurlaient les spectateurs.

A ce moment, M. Huguet de Massillia s'entretenant avec le duc de R...., lui dit : « Monsieur
» le duc, le pari est nul, puisque l'une de mes
» deux bêtes est morte ; mais vous savez que je ne
» voulais rien engager sur mon tigre, sachant bien
» que toute la force de ce quadrupède est nulle s'il
» ne peut attaquer par surprise et par-derrière et
» particulièrement la nuit. Maintenant, si vous vou-

» lez que nous établissions un pari pour Julien, je
» tiens telle somme qu'il vous plaira d'engager, et je
» mets double contre simple : cinquante mille reaux,
» si vous en tenez vingt-cinq mille. »

Nous ignorons si ce pari fut accepté; mais, ce que nous savons très bien, c'est que Julien *pelotta* encore trois autres taureaux. Seulement, bien fixé désormais sur ce qu'on voulait de lui, il alla beaucoup plus vite en besogne. Il attendait chacun de ses adversaires nouveaux à la sortie du toril, lui sautait immédiatement à la gorge, et le dépêchait sans retardement.

X.

Nous avons omis à dessein, dans le cours de la narration qui précéde, une série de faits, tous plus honorables les uns que les autres pour l'homme dont nous avons voulu tracer la biographie, seulement au point de vue des études et des travaux auxquels son existence fut vouée. En dévoilant les actes de la vie privée de M. le comte Huguet de Massillia, nous savions à l'avance que, tout en demeurant dans la scrupuleuse vérité, sa modestie ne nous laisserait pas moins exposé à encourir, de sa part, le reproche de flatterie. Tel a été le motif de notre abstention.

Nous n'avons pas l'intention de revenir sur ce parti pris. Ainsi, nous ne parlerons pas plus que nous ne l'avons fait précédemment des traits de courage accomplis par le jeune marin, alors que, lieutenant sous les ordres d'un père intrépide, à bord de l'*Amphitrite,* armé en corsaire, il courait sus aux navires anglais, dans le golfe du Bengale et jusqu'aux sources du Gange.

Nous ne rappellerons pas les témoignages, admis par tous ceux qui ont eu l'honneur de le connaître,

de la bonté de son cœur, de la droiture et de la générosité de ses sentiments.

Nous nous tairons encore sur une profonde et sin-
cère piété, conservée, dans les replis de la pensée et
du cœur, au milieu des incidents multiples d'une
carrière semée de périls et d'aventures.

Nous ne dirons rien de cette munificence généreuse
qui fit toujours, qui fait encore une si large part aux
indigents dans les sommes énormes par lui recueillies.

Nous nous abstiendrons de parler des témoignages
de sympathie et de considération qu'ont accordés au
savant et hardi voyageur les plus éminents person-
nages des divers pays qu'il a visités.

Nous ne citerons pas les titres, honneurs, distinctions et décorations que les princes et souverains lui
ont accordés : ces dernières suffiraient à former une
liste qui n'aurait pas moins d'étendue que celle de
toutes les croix qu'ont values au plus fécond de nos
écrivains, M. Alexandre Dumas, les productions
d'une plume exubérante.

Nous n'avons mentionné aucune des nombreuses
sociétés savantes qui ont admis dans leur sein le naturaliste.

Nous ne l'avons pas montré non plus dans sa
somptueuse retraite de Seine-et-Marne, s'occupant,
avec tout le zèle de la charité chrétienne, de l'amé-
lioration morale des indigents, en même temps que
de celle de leur condition matérielle.

Nous n'avons rien dit de l'érection, à La Flèche,
de la chapelle *Notre-Dame-des-Vertus*, due à sa
pieuse munificence.

Toutefois, nous croyons devoir relater ici, en
nous bornant à ce seul fait, une action où se mani-
festèrent un courage et un dévouement vraiment hé-

roïques, laquelle valut à son auteur une simple médaille d'honneur qui lui est plus précieuse que toutes les autres distinctions reçues, et que nous allons brièvement raconter comme conclusion.

XI.

En 1826, un trois-mâts-barque, de Nantes, le *Cantabre*, effectuait son retour de Charlestown à son port d'armement, monté par dix-huit hommes d'équipage, et affrété par M. Huguet de Massillia, qui se trouvait à bord, mais en qualité de passager.

Immédiatement après avoir dépassé la longitude des Bermudes, le *Cantabre* fut assailli par un affreux coup de vent de nord-est. La mer, promptement grossie, commença à déferler sur le pont ; bientôt il fallut serrer même les basses voiles et prendre la cape sous le petit foc et la brigantine au bas ris. Le vent, augmentant d'intensité et continuant à souffler par violentes raffales, faisait entendre, dans les cordages, son aigre rugissement. Le *Cantabre* en dérive, présentant son travers aux efforts de la tempête, montait bravement sur ces montages d'eau, qui venaient successivement l'assaillir, en découvrant sa carène jusqu'à la quille dans ses élans furieux ; puis, la guibre inclinée en avant, il replongeait dans la profondeur des gouffres entr'ouverts devant lui. La membrure du navire faisait entendre ces craquements lugubres qui semblent être le glas funèbre, annonce d'une prochaine destruction.

Bientôt les parois des gaillards furent défoncés, la chaloupe, quoique maintenue par ses saisines, mise en pièces ; la cuisine, le porte-manteau et l'embarcation des porte-haubans d'arrière, sous le vent, enlevés.

Toutefois, le vaillant navire, qui était d'excellente

construction et solide comme un roc, supportait parfaitement le choc de tous les éléments, et ne faisait
pas un pouce d'eau de plus que par un temps ordi-
naire. Il ne s'agissait donc plus que de prendre patience pour attendre l'embellie et le retour d'un
temps plus maniable. Or, la tempête dura huit jours;
et, durant huit jours, conséquemment, il fallut
tenir la cape, en veillant attentivement à la barre
pour parer les lames qui, semblables à des ava-
lanches, ne cessaient de rouler, en déferlant, vers le
Cantabre, comme pour l'ensevelir dans l'abyme.

Enfin, le vent finit par mollir et à donner vers
l'est-sud-est; le capitaine s'empressa d'en profiter
pour faire amarrer la misaine et faire orienter le
grand hunier avec deux ris.

Le *Cantabre* commençait à faire route, et il était
huit heures du matin, lorsqu'on aperçut, vers
l'avant, un point noir, lequel fut bientôt reconnu
pour un brick complètement désemparé, se maintenant à grand'peine au milieu des lames toujours
énormes, avec un débris de voilure orienté sur un
tronçon de son mât de misaine brisé au-dessous du
capelage. Un pavillon en berne, signal de détresse,
se balançait, amarré au haut de ce qui restait de son
grand mât.

On gouverna de manière à l'approcher, et quand
on put se faire entendre à l'aide du porte-voix, après
avoir mis en panne, les paroles suivantes furent
échangées :

— Oh! du navire! Quelle est votre situation?

— Nous avons sept pieds d'eau dans la cale. Nous
allons couler bas! Sauvez-nous!

Le *Cantabre* n'avait plus qu'une seule baleinière,
ayant, comme nous l'avons dit, perdu toutes ses

autres embarcations dans la tempête. D'ailleurs mettre un canot dehors avec une mer pareille, c'était, à vrai dire, chose impossible. Il fallait donc se résoudre à voir engloutir sous ses yeux, sans secours, ces braves gens que l'on apercevait sur le pont du malheureux navire, faisant mouvoir la pompe avec cette sublime énergie qui n'abandonne jamais les marins, même au moment suprême où il faut mourir ! Et c'est assurément ce qui serait arrivé si le généreux Huguet n'eût été là, car le capitaine du *Cantabre* paraissait décidé à ne pas essayer de mettre sa baleinière à la mer ; et puis d'ailleurs qui eût osé s'y embarquer ?

Les dix-huit hommes du *Cantabre* étaient rangés sur l'arrière, contemplant d'un œil morne cet affreux spectacle de la destruction imminente d'un navire avec son équipage. « Enfants, s'écria Huguet de
» Massillia, il ne sera pas dit que nous verrons périr
» de braves gens sous nos yeux sans qu'il se soit
» trouvé parmi nous trois hommes de bonne volonté
» pour essayer de les sauver. » Et, s'adressant à un matelot qui était là près de lui : « Audibert, tu vas
» me suivre, toi ; nous nous connaissons, mon
» vieux, nous avons navigué ensemble ; arrive ici.
» Maintenant, encore un homme de bonne volonté,
» et filons ! »

Un autre matelot s'avance ; et ces trois hommes, en apparence voués à la mort par un mouvement de générosité, s'élancent dans la baleinière, préparent les avirons ; Huguet de Massillia se place à l'arrière pour gouverner, et la frêle embarcation, dont les palans sont filés avec des précautions inouïes, est presque miraculeusement mise à la mer sans se briser contre les flancs du navire.

Ils nagent vigoureusement vers le navire en détresse, reçoivent, avec mille difficultés, quatre hommes qui s'affalent dextrement dans la baleinière, et les ramènent à bord du *Cantabre*, où on les hisse, les uns après les autres, au mileu des mêmes obstacles occasionnés par une mer épouvantable.

Trois fois ce voyage périlleux fut accompli avec le même succès et la même habileté dans la direction de la baleinière que gouvernait, avec une dextérité non pareille, notre intrépide voyageur.

Au moment où, le dernier, il se hissait sur le pont du *Cantabre*, quatorze hommes l'y attendaient pour presser les mains de leur sauveur.

Et on se disposait à orienter les voiles pour faire route, lorsque la carcasse du navire abandonné, assailli par une dernière lame qui venait lui apporter son coup de grâce, disparaissait engloutie dans les profondeurs de la mer!

Ce navire se nommait le *Winter;* il était de Copenhague.

Tel est l'homme dont nous devons nous abstenir de retracer mille autres traits non moins honorables, pour demeurer dans les limites qui nous sont assignées.

HENRI BIHIN.

M. Henri Bihin, de New-York, successeur de
Carter, a dompté les animaux qui composent la ménagerie, et à chaque représentation leur fait exécuter
les exercices les plus étonnants et les plus contraires
au caractère féroce de chacun d'eux, à tel point que
les lions sont plus soumis que les chats domestiques.
Les hyènes mangent à table avec leur maître, souffent
qu'il leur retire la viande de la gueule à plusieurs
reprises. Le tigre royal, si beau et si traîtreusement
féroce, a fini par lui obéir. On remarque néanmoins
que le dompteur agit avec prudence, et que pousser
trop loin la témérité serait s'exposer inutilement. Les
léopards, panthères, jaguars, pumas, sont non-seule-
ment domptés, mais il joue avec eux comme il pour-
rait le faire avec un chien, et prouve par-là qu'avec
la patience et la fermeté, l'homme peut dominer les
plus terribles quadrupèdes de la création.

La première visite de M. Bihin est pour les deux
pumas, autrement dits lions d'Amérique, je ne sais
pas trop pourquoi, attendu que cette espèce de lion
a la tête d'un tigre commun et le cri d'un chat en
colère. Toutefois ces deux quadrupèdes reçoivent
très gracieusement leur maître; ils se couchent, ils
se dressent à sa voix; ils font des cabrioles par-dessus
ses épaules, et le lèchent comme des chiens caniches
bien appris.

Une jeune panthère est près de là; elle est belle,
souple et élégante; mais son regard trahit ses instincts
bien autrement expliqués par deux rangées de dents

formidables qu'elle montre, même aux gardiens qui prennent soin de son appartement. Mais à la vue de son seigneur, toute trace de férocité disparaît ; il ne reste plus de la panthère que l'élégance et la grâce, et elle en remontrerait à un mouton pour la douceur.

Si nous suivons M. Bihin dans la cage aux lions, c'est ici que le spectacle prend un caractère vraiment dramatique et grandiose. Figurez-vous trois lions majestueux et dont la force paraît sans égale ; au moindre signe de M. Bihin, ces princes des animaux, qui paraissent reconnaître en lui leur souverain, se couchent à ses pieds, se laissent ouvrir leurs larges gueules dans lesquelles M. Bihin pousse l'audace jusqu'à introduire sa tête. Il les traîne par la queue, par les pattes, et finalement s'asseyant sur l'un d'eux, le coude appuyé sur l'autre, et en ayant un troisième à ses pieds, il présente le plus beau tableau que l'on puisse voir : le triomphe de l'intelligence sur la force.

La scène change avec les hyènes ; la lâcheté féroce, la sournoiserie de ces animaux est proverbiale autant que leur stupidité ; mais avec M. Bihin il faut bien que cela change. Dans le repas qu'il leur sert, il se joue de leur voracité naturelle en leur arrachant, comme on dit, les morceaux de la gueule ; ce que l'une va manger il le donne à l'autre sans que leur jalousie soit allumée. Un friand morceau de sucre leur est-il offert, comme elles en sont très amateurs, elles se jettent dessus ; mais au moment de le saisir, c'est son doigt que M. Bihin leur présente. A l'instant même elles s'arrêtent, et la gueule qui allait mordre reste entr'ouverte comme magnétisée par ce doigt terrible. Le repas des hyènes est un des plus curieux exercices de M. Bihin.

Mais le travail le plus effrayant, celui qui dépasse l'imagination, c'est la vue de M. Bihin se mesurant du regard avec le tigre royal, animal indomptable, cruel pour le plaisir de l'être, et n'ayant aucun des instincts généreux de son rival zoologique le lion; c'est à ce moment qu'on voit tout ce qu'il a fallu d'énergie et de volonté à M. Bihin pour triompher de ce tigre, dont les rugissements ne s'arrêtent pas même à la voix redoutée de son maître. On sent que, malgré son ascendant, le tigre est tout prêt à se jeter sur l'homme, et malgré vous une secrète terreur s'empare de vos sens; mais M. Bihin, lui, n'en est pas plus ému. Le tigre, contraint de ramper devant lui, veut en vain relever sa tête; en vain il montre ses redoutables dents; il faut qu'il cède, et l'on ne respire que quand M. Bihin, après un dernier regard, sort de la cage aussi tranquillement qu'il y était entré.

Après avoir vu toutes ces merveilles, on est obligé de proclamer l'homme le roi de la nature, et M. Bihin le premier de ces monarques. Hercule, lui, tuait les monstres féroces pour en bébarrasser le monde; c'était héroïque, mais plus tôt fait. M. Bihin les soumet, les façonne, les fait servir à son usage; c'est moins brillant mais plus difficile. Et dans ce siècle de civilisation, je n'hésite pas à dire qu'il doit l'emporter sur tous les Hercules passés, présents et futurs.

NOTICE DESCRIPTIVE

DES

ANIMAUX COMPOSANT LA GALERIE ZOOLOGIQUE

DE M. LE COMTE

HUGUET DE MASSILLIA.

Leurs mœurs, leur pays, leurs habitudes, etc.

Une Girafe.

A tous seigneurs tous honneurs. Commençons par la nouvelle venue : la girafe de M. Huguet a trois ans. Pour son âge, elle est d'une très belle venue ; sa robe, lustrée et polie, parsemée de couleurs café au lait et fauve, en fait un animal ravissant.

Le Rhinocéros de Sumatra (herbivore, de 40 ans.)

Ce phénomène de la nature, si difficile à transporter en Europe, a été pris dans les immenses marais de l'île de Sumatra ; avec son air apathique il passe pour très entêté. Sa peau, ou plutôt sa cuirasse, est à l'épreuve de la balle ; c'est l'ennemi naturel de l'éléphant, dont il est presque toujours vainqueur ; il absorbe par jour plus de cent cinquante kilos de nourriture. Il est herbivore comme l'éléphant.

Le Nilgaut.

Originaire des grandes Indes, où il a été pris, ce bel animal est très rare en Europe. Peu de personnes l'ont vu en France ; avec la forme d'un bouc de la première espèce, mais plus allongé que lui, le nilgaut n'en a pas les inconvénients ; comme le bouc il porte une barbiche, mais son poil tirant sur l'ardoise, quoiqu'un peu plus foncé, est soyeux. Ce quadrupède est fort doux et se nourrit d'herbage.

Axis.

Habitant de la Nubie, l'axis est de la famille des gazelles ; elle a, comme elles, une robe fauve tachetée de blanc, les pattes fines ; intelligente et plus douce que la biche, l'axis s'apprivoise facilement et est capable d'attachement.

L'Antilope.

L'antilope, si légère et qui donna au capitaine de Massillia tant de peine pour la prendre dans le désert indien, joint à une démarche noble et gracieuse un poil noir coupé symétriquement par des bandes blanches sous le ventre et le long des pattes ; sa tête, surmontée de deux cornes à spirales faites au tour, est plus majestueuse que celle du cerf, et ses yeux sont pleins de vivacité et de douceur; ses formes élégantes l'ont fait surnommer la princesse du désert; rare à cause de sa robe d'un noir d'ébène et d'un blanc pur, l'antilope de M. Huguet est d'un prix inestimable.

Le Vandarou.

C'est un joli petit singe d'un noir brillant; sa tête est entourée de longs poils d'un brun foncé qui forment une collerette à la Catherine de Médicis; ce singe est d'une douceur extrême, toujours prêt à embrasser la personne qui lui offre une friandise; il saisit avec élégance tout ce qu'on lui présente; il a été pris à Sierra-Leone. C'est une espèce très rare.

Panthère du cap de Bonne-Espérance.

Sœur d'un jeune panthéreau qui mourut dans la traversée; le capitaine tua leur mère au pays des Cafres, comme cette panthère avec son frère la tetait encore; les habitants du pays avaient prié M. de Massillia de les délivrer de cette bonne mère qui, pour nourrir ses enfants, faisait d'affreux ravages dans leurs troupeaux. Quoique pris fort jeune, cet animal n'est pas encore apprivoisé.

Hyène du Cap, mâle.

Dans la même campagne, le capitaine surprit cet animal; il est féroce et lâche; se robe bien rayée en fait une espèce rare et précieuse; c'est la plus belle de toutes celles que possède M. Huguet.

Les deux Pumas, mâle et femelle.

Les pumas, que l'on regarde comme les lions d'Amérique, ont plutôt de la ressemblance avec le tigre; mais leur robe se rapproche plus de celle du lion; ils n'ont pas de crinière et miaulent comme des chats en colère au lieu de rugir. Pour les prendre, M. de Massillia a été obligé d'escalader les cimes les plus élevées des Andes. Ces animaux, jusqu'ici indomptables, sont cependant de toute la ménagerie les plus soumis à M. Bihin.

Le Tigre Royal.

Avec la girafe, ce tigre est le plus bel ornement de la ménagerie; pris au piége dans le Bengale, partout il a fixé l'admiration; depuis vingt ans on n'en avait pas vu en France un seul de son espèce; le dernier vivant était au jardin des Plantes. Celui-ci a trois ans et grandira encore.

Panthère d'Algérie.

Cette espèce qui diffère peu de celle du Cap, est beaucoup plus belle. C'est celle que M. Bihin est parvenue à rendre si douce et si obéissante.

Trois Lions dans une même cage.

Ces superbes animaux, type de leur race, ont été pris fort jeunes dans les déserts de la Cafrerie où ils abondent. Après Buffon, il est difficile de parler du lion. Mais ceux-ci sont remarquables par leur docilité, leur intelligence et leur soumission pour M. Bihin.

Léopard, îles de la Sonde (carnassier).

Ce bel animal, dont la robe a été si magnifiquement décorée par la nature, est peut-être celui qui a donné le plus de mal à prendre au capitaine; il sut enfin s'en rendre maître malgré sa légèreté si bien connue, et sans l'avoir entièrement dompté, il est parvenu à adoucir sa férocité.

Ours de Sibérie (carnassier).

Un peu moins méchant que les naturels blancs des mers polaires, cet ours, d'un brun sombre, n'a pas cependant la patience bienveillante de ceux des Pyrénées ou des Alpes ; quoique plus beau que Martin, il ne paraît pas disposé à rien faire de ce qui **a** procuré tant de célébrité à l'hôte du jardin des Plantes.

Le Jaguar du Bengale (carnassier).

Cet animal perfide et méchant est peut-être le plus agile de tous les quadrupèdes du désert ; il fait des bonds de plus de vingt pieds de haut, feint de jouer comme un jeune chat, puis, lorsqu'il est sûr de sa proie, il lui saute à la gorge, l'étrangle et boit son sang avec voracité ; cependant, dompté par M. Bihin, on le croirait le plus doux et le plus facile des animaux.

Deux Loups (Suède et Norwège).

A la première vue, ces deux loups, si différents de ceux de nos pays, pourraient passer pour deux chiens pleins d'intelligence et de bonté; mais ils ont toute la méchanceté de leur espèce, jointe à la ruse du renard, sans aucune des qualités de la race canine. Cet animal très féroce n'est bon qu'à détruire, car sa chair est rebutée par tous les animaux et sa fourrure fort peu estimée ; ils ont été pris dans les montagnes de la Norwège.

Le Vautour-Royal de l'Atlas (carnassier).

Un jour de chasse dans l'Atlas, M. Huguet aperçut ce vautour magnifique ; il s'attendait en le tirant à le voir tomber mort à ses pieds, mais l'animal n'était que légèrement blessé, il n'avait reçu qu'une charge de plomb à perdreaux. M. Huguet s'était trompé de fusil. C'est ainsi qu'il put conserver vivant ce superbe oiseau.

Quatre Hyènes d'Algérie (dans la même cage).

Les mœurs de ces animaux féroces et lâches ont été trop souvent décrites pour que nous en donnions ici de plus amples détails. Ce sont elles qui vont la nuit déterrer les cadavres dans les cimetières pour s'en repaître, et cependant M. Bihin a tellement adouci leurs mœurs, qu'elles ne sont plus reconnaissables. Ce sont les quatre hyènes qu'il visite dans leur cage, et au dîner desquelles il préside. (Voir, pour les détails de cette scène vraiment extraordinaire, la notice particulière de M. Bihin, page 27.)

Deux Pélicans blancs.

Ces oiseaux si fameux sont deux nouveaux habitants de la ménagerie de M. de Massillia. Leurs longs becs, qui, en

s'ouvrant, font l'effet d'un immense et large compas, leur dé
marche de canard, sont on ne peut plus disgracieux à l'œil; mais
cette espèce est très rare. Cet oiseau ne se nourrit que de pois-
sons et est très vorace.

CHACAL (carnassier).

Cet animal de petite taille, mais très féroce et difficile à
prendre vivant, est originaire d'Afrique; il a les mœurs de
l'hyène, et comme elle, il se plait à déterrer les cadavres et les
charognes pour assouvir sa faim.

Un AGOUTI (herbivore).

Espèce de singe, mais d'un museau plus allongé, plus fin, il
est de mœurs moins sans-façon. Cet animal a le poil très lisse et
très soyeux; il se tient comme le singe sur ses pattes de derrière,
mais il n'a pas les cris perçants et désagréables du singe. Sa
nourriture est la même.

ARAS, PERROQUETS, etc.

La collection de ces beaux oiseaux est complète.

ELÉPHANT.

L'éléphant savant, auquel M. Bihin fait faire une infinité
d'exercices qui seraient trop longs à décrire, et dont on laisse la
surprise au public, termine ses jeux par la collation qui lui est
servie par les singes, ses marmitons.

SINGES.

Ces animaux, que je considère comme les chœurs, les com-
parses de la troupe de M. Huguet, sont au nombre de vingt-cinq.
Ils sont divisés en catégories; voici les principales :
Quatre mandrilles.
Trois papions.
Six gibous.
Une magabe.
Quatre culs-rouges.
Quatre magots.
Trois lapondus.

La salle où se placent les spectateurs est divisée en trois com-
partiments : les premières sont à 2 fr.; les deuxièmes, plus élevées, à 1 fr.; les troisièmes, dans la place reculée, coûtent
50 c. Pour l'ornement de la salle, on a construit à chaque bout
deux immenses cages isolées et en fil d'archal, dans lesquelles
les singes prennent leurs ébats et sont vus de tous les spectateurs. On arrive du dehors dans l'intérieur de la galerie par un
couloir tapissé.

BESANÇON, IMPRIMERIE DE J. BONVALOT.